DICOVRS VERITA-
BLE DE LA GRANDE CRVAVTE

plus que barbare, exercee dans la ville de Brucelle le trentiesme Iuin mil six cens vnze, par le cruel Tiran & barbare Don Martin Ladron Espagnol grand Preuost de son Altesse Serennissime du païs Bas: à lencontre d'vn subiect de l'Ambassadeur de sa Maiesté Françoise Tres-Chrestienne.

A LIEGE,
Chez Leonard Strel Imprimeur & Libraire juré. M. D. C. XI.

auec permission.

AV LECTEVR.

A M I Lecteur quoi que ce discours soit funeste & lamentable. Si est-ce que ie vous ai bien voulu en faire part non pas pour vous en resiouir, mais de plorer & lamenter auec nous le desastre pitoyable execeuté en grand tourment & angoisse, par la grand rage & felonie du tres cruel Preuost de Brucelle, à l'encontre d'vn des sujets de l'Ambassadeur de nostre Tres

Ais

Chreſtienne Majeſté Françoiſe:
ſans auoir nul reſpect ni honneur,
ne viſer à la grand vertu de noſtre
Ambaſſade , comme repreſen-
tant ſa tres- chere & heureuſe Majeſté en ſon abſenſe, & comme
eunemi mortel de la nation Françoiſe ; ſe barbare & tyran aiant
faict pis cent fois que les ſujets &
commis du bourreau ne font mille fois à l'encontre des beſtes bru-
tes, comme en temps de conta-
gion qui ſont commis de tuer &
ſacager les chiens qu'ils trouuent
& rencontrant parmi la rue, craignant plus grandes maladies.

Et de ce di-ie derechef pis que
n'eſt le loup cent fois encharné
ſur la berbis : & luy mille &
mille fois plus tygre & barbare
ne reſpectant la creature non plus
que les loups garous qui font leur

retraicte dans les bois, qui nes, a-
taquent nullement qu'aux crea-
tures, comme ennemi de noſtre
Seigneur ieſus Chriſt , & luy pareillement ennemy mortel de
la nation Françoiſe: par ſon vini-
meux plaiſir & ſans ſuiet a commis & commandé de faire faire
en ſa preſence le cruel mal- heur
de çe que ie vous ai ai commencé:
& eſperant Dieu aidant de vous
en donner plus ample veüe & co-
noiſſance.

DISCOVRS VERITABE

*de la grande cruauté plus que barbare
exercee dans la ville de Brucelle, le 3. iour
de Iuin 1611. par le cruel tiran & barbare
Don Martin Ladron Espagnol : Grand
Preuost de son Altesse Serennissime du pais
Bas, à lencontre d'vn subiect de l'Am-
bassadeur de sa Maiesté Françoise Tres-
Chrestienne.*

Omme vne fois tous les ans il se fait vne resiouissance dans la ville de Bru-celle & mesmement n la rue du bordeau autrement la aulte Allemagne, les Pages & lac-quais contre les Archers du grand

Preuoſt general , & ce rencon
trent vne fois par an côme ie vou
ai deſia dit, à coups de pierres
de baſtons & pluſieurs autre cho
ſe batent les vns contre les autre
aduint que le Fils de ce grand Prô
uoſt eſtoit dâs ceſte dite reuepou
voir le plaiſſr d'iceux Pages & la
quais côtre ſes archers. aduint qu
le fils dudit Preuoſt receut par in
cônuenient vn coup de pierre à la
face au deſſus de l'œil, ce ieûne
en fant s'en va pleurant à ſon logi
ſon pere voyant qu'il eſtoit quel
que peu bleſſé & offencé, ſoudai
nement ledit Preuoſt comman
de preſtement & en grand dili
gence que ſes gens de cheual en
uiron quelque dix hommes qu'il
print auec luy tous à cheual , &

&

son bourreau auec luy aussi à cheual, pareillement vindrent droit à
ceste grande rue ou ceft que ceste
ieunesse se battoit contre ses gens
de pied ou hallebardiers : ceux-cy
sçachant que le preuost venoit en
diligence pour leur affaire, telle-
ment que chacun s'escarta pour
s'eschapper de ses mains, comme
sçachant que ledit preuost General estoit sans misericorde : telle-
ment que ne trounant personne
estoit en collaire & pis qu'enragé,
va & met pied à terre & entre dans
vn logis ou il trouua se ieuue hom
me qui beuuoit ne faisant tort à
personne, despendant son argét
plustot que d'estre auec les au-
tres craignant quelque inconue-
nient, neantmoins ce tres-cruel &
meschant, le fit prendre par ses

gens: & tout à lheure, comme vn
homme enragé, sans auoir aucun
respect, ne senquester si ledict ieune homme estoit de la partie des
aultres ou nom, voiant & reco-
gnoissant l'habit françois, comme ennemy mortel de la nation
françoise, le fit prendre par la
main de son bourreau & le fit atta-
cher au Gibet la corde au col sans
subiect, derrieres les rempars de la
ville: & commanda à son boureau
de luy donner deux cens coups
de foüet; qui estoit de larges cou-
royes de cuir, enleuees auec des
poinctes au bout, dont que ledict boureau se reposa iusqu'a
trois fois, tant que le pauure ieune homme auoit le corps enleuè
d'vn grand demy pied de haut:
& flagelé d'vne si tres-grande
façon, que le pauure patient ses
uanoüit, iusques a deux fois.

Nonobstant commandant toufiours à fon boureau, de toufiours
frapper iufqu'à ce que les deux
cens coups furent finis, & d'auantage, eftant batu & flagellé à fon
plaifir, nonobftant le traiftre cruel, ne fe contentant de cela, le fit
mettre & bannir de la ville, par
les mains de fon dict boureau.
D'auantage, le Tygre & barbare,
commanda & enchargea à la gar-
de de ne le laiffer entrer, fur peine
du mefme. Donc luy dit de la part
de fes fubiects qu'il appartenoit
à l'Ambaffadeur de fa Majefté
françoife: dont ledit Preuoft fit
refponfe que quand il appartien-
droit mefmement à fa Sainéteté
ou au Roy d'Efpagne, qui paffe-
roit outre · & qui n'auoit non plus
affaire de l'Ambaffadeur, que de

B ij

ſon bourcau. Se preſentant en perſonne le Prince d'Eſpinoy le piſto-
let à la main, le preſentant à la gor-
ge dudit traiſtre & cruel Preuoſt,
diſant ie te commande de par le
Roy, que tu m'aye à attendre iuſ-
qu'à ce que ie te vienne querir ou
mander. Comme de fait ledit Prince rencõtrant l'Ambaſſadeur pour
l'aduertir de ces pauures nouuel-
les. l'Ambaſſadeur ſçachant, &
eſtant aduerty de cecy, reſpondit
audit Prince Deſpinois qui fiſt re-
tirer ledict Dont Martin Ladron,
grand Preuoſt general de Bruxelle
& ſans faire aucun bruit ſ'en va
luy-meſme en perſonne, pour
veoir ſon ſeruiteur domeſtique,
le trouua au Fauxbourgs de noſtre
Dame de Haut, à l'enſeigne du
ſef: Et voyant la grande cruauté
de ce mal'heureux: & ſe reſentant

de l’affront que ledict Preuost luy
faict, foudainement efcrit par la
Pofte à Marimont, a huict lieües
de Bruxelle, où eftoit fon Alteffe.
Que ledit Ladron Preuoft general, luy auoit faict vn tel affront:
& qu’is’en refentoit bien fort; &
preft a prendre congè de la Cour
& de ces Alteffes Sereniffimes,
voyant la prefente, refcrit ample-
ment audit Ambaffadeur, qu’il
vouloit & entendoit que Iuftice
luy fuft faicte, & en chargea ex-
preffément à L’auditeur de ce faifir
dudit Don Martin Ladron, grand
Preuoft general de Bruxelle, vou-
lant, & entendant, que Iuftice
foit faite, fans contredit. L’auditeur voyant la prefente de ces
Alteffes Sereniffimes, ne fait fau-
te de fe faifir dudit Preuoft, en at-

tendant de plus ample nouuelle.
Comme ledit Ambaſſadeur ne
ſ'endormant à ſes affaires , tou-
ſiours pourchaſſant tant que le
iugement dudit Preuoſt , eſt , & a
eſté condamné d'eſtre à Ville-
uort à deux lieuës de Bruxelle , aſ-
ſçauoir qui deuroit auoir la teſte
tranchée, comme auroit eſté exe-
cutè , le Lundy 14. iour de Iuillet
1611. Et la moitié de ſes confiſca-
tions au profit du ieune homme,
comme tenant qu'il eſt eſtropié,
à tout iamais : & qu'il ne peut iamais bien faire de ſon corps, & ne
ſçauroit iamais gaigner vn liard,
Partant que le iugement eſt fort
bon.

Comme conſiderant ceſte cru-
autè grande, partant Meſſieurs de
conſiderer les malheurs & cruau

tez qui se font parmy le monde
sans subiects, sans aucune raison.
Comme Messieurs se tenant pour
vrays ennemis de vertu, & ennemis mortels de la nation Françoise, partant ie prieray le Seigneur
qu'il nous vueille preseruer & gar-
der de la main du lion rougissant:
& priant le Seigneur qu'il nous
meine au Royaume viuant faict à
Bruxelle ce Mardy 15. iour de Iuillet 1611.

QVATRAINS

1

L'homme par sa grandeur, tousiours veut surmonter
Le foible, qui ne peut auoer auctorité
Que de louer & prier ce tres-haut Roy des Cieux :
Qui luy baille & maintiës son bö droit en tous li eux.

2

Le françois est orné d'vne belle victoire,
Ayant à tout iamais la fleur de Lis tant belle :
Qui est françois de nation il a vn fort bel heur :
Mais n'est point vray françois qui ne l'est dans le (cœur)

3

La fleur de lis ne peut iamais perdre son nom :
Car elle est reuestuë du treiziesme de Bourbon,
Viue la fleur de lis mourons vrais François,
Pour tousiours soustenir nostre treiziesme Roy.

Approbation

Iay soubsigné Grand Vicaire de
Liege sertifie n'auoir rien trouué
qui puisse empescher de vendre
ledit Discours, faict à Liege le
25. Iuillet mil six cens vnze.

Signé Ichan Chapeau-ville.